Bienvenue en Angleterre

Welcome to England

Avec ce petit livre de jeux, tu vas pouvoir t'amuser à découvrir l'Angleterre. C'est un pays passionnant, créatif, et plein de particularités. Au fil des pages, tu vas apprendre un tas de choses à travers des jeux, des illustrations, des photos...

Amuse-toi bien et bonnes découvertes !

Et comme l'anglais est une langue que tu apprends à l'école, tous les titres des pages sont traduits pour t'aider à mieux la connaître. Tu découvriras également, tout au long du livre, des petites flèches autour des illustrations qui t'apporteront un peu de vocabulaire anglais.

the Map

(la carte)

L'Angleterre est un des pays de la Grande-Bretagne, elle-même comprise dans le Royaume-Uni. La Grande-Bretagne, c'est la grande île. Le Pays de Galles et l'Écosse en font également partie. Pour le Royaume-Uni, il faut ajouter l'Irlande du Nord.

Ils sont tous dirigés par la même reine et utilisent une monnaie identique, la livre sterling. Et Londres, la capitale de l'Angleterre, est aussi celle du Royaume-Uni.

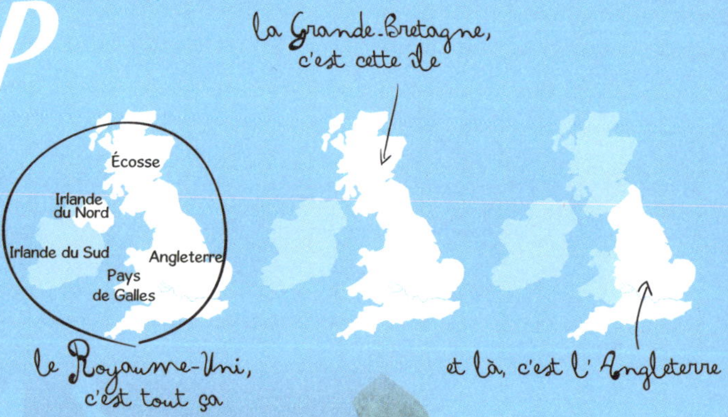

jeu

Pour compléter cette carte, place les villes suivantes au bon endroit.

NEWCASTLE
EXETER
NORWICH
BRISTOL
LONDON
LIVERPOOL
BRIGHTON

Hello, my name is Elliott

Bonjour, je m'appelle Elliott et j'ai 10 ans. Je suis anglais et je vis à Brighton avec mes parents et ma petite sœur Lily qui a 6 ans.
Sans oublier la mascotte de la famille, notre petit chien.
Avec lui, on joue souvent dans notre jardin.

Game

Pour trouver le nom de notre chien, remplace chaque objet ci-dessous par la lettre qui lui correspond.

maman et papa

Mum and Dad

Papa s’appelle Joe et il est chauffeur de bus. Maman, elle, tient une boutique de vêtements. Ils se sont rencontrés à Londres, mais ont choisi de venir vivre à Brighton pour profiter plus souvent de la mer.

Game

Un seul des prénoms suivants n’est pas dans la grille.
C’est celui de notre maman.

SHELLEY - LYNN - PEGGY
JINNY - LINDSAY - ERIN
KESSY - ULA - LEEN - HALEY

L	Y	G	G	E	P	S
I	N	O	U	D	W	H
N	N	Y	L	A	R	E
D	I	T	A	N	J	L
S	J	K	N	E	E	L
A	N	I	R	E	X	E
Y	Q	H	A	L	E	Y

Les prénoms peuvent se lire dans tous les sens (sauf en diagonale).
La même lettre peut servir plusieurs fois.

Notre ville, Brighton, située au sud de l'Angleterre, est une station balnéaire très fréquentée l'été. Elle doit sa renommée à son joli front de mer et ses villas chics. Mais, avec Lily, ce que l'on préfère, c'est le **Brighton Pier**, une grande jetée remplie de jeux, de manèges et de marchands de barbe à papa. La nuit, lorsqu'il est éclairé, c'est magique.

Game

Sauras-tu retrouver ces 8 éléments dans la scène ?

1 barbe à papa tombée,
1 petit chien qui court,
1 ballon envolé,
1 casquette perdue,
1 mouette qui mange une glace,
1 double glace chocolat chantilly,
1 garçon qui joue à cache-cache,
1 nounours rose.

Dad's bus

le bus de papa

Ici, comme à Londres, certains bus sont à impériale, c'est-à-dire qu'ils sont sur deux niveaux. Mon papa en conduit un. Il a de la chance, car tous les jours, sur son trajet, il passe devant le Pavillon Royal, un palais surprenant qui mélange les styles chinois et indien. C'est le roi George IV qui le fit construire il y a longtemps, en 1786.

Game

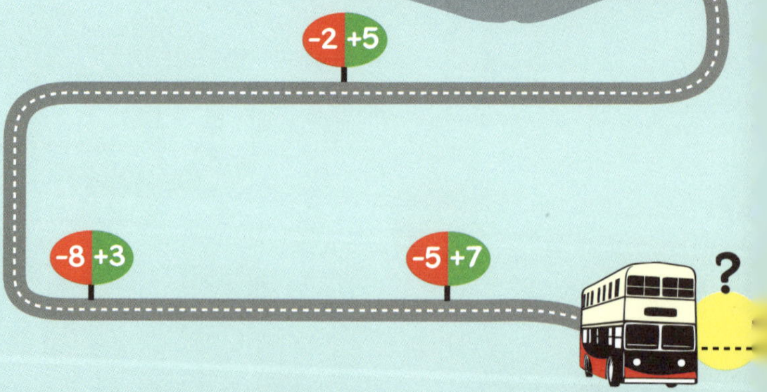

À chaque station, des passagers descendent du bus (en rouge) ou montent (en vert). Combien seront-ils dans le bus au terminus ?

Kessy

Le magasin de maman s'appelle comme elle, Kessy. Il se trouve à North Laine, un joli quartier rempli de salons de thé et de boutiques colorées. On y trouve toutes sortes de fripes*. En Angleterre, la mode est très importante *(voir p. 34)*.

** Voir lexique p. 59*

Game

Retrouve et entoure dans la boutique tous les modèles utilisés par Kessy pour habiller son mannequin.

the Language

(la langue)

Après le chinois et l'hindi (la langue de l'Inde), la langue anglaise est celle qui est la plus répandue comme langue maternelle dans le monde. On l'emploie aux États-Unis, en Australie, en Afrique du Sud, en Nouvelle-Zélande... Ce qui représente environ 500 millions de personnes. Et si l'on compte les gens qui l'apprennent et la parlent, c'est la langue la plus importante au monde. Pour discuter avec des étrangers, voyager un peu partout, l'anglais est vraiment très pratique.

On trouve en anglais des mots qui ressemblent à des mots français. Mais ils ont parfois une tout autre traduction. On les appelle d'ailleurs les faux-amis... Comme dans l'exemple, entoure le dessin qui correspond au mot anglais.

bonjour (le matin)

good morning
ou hello

bonjour (l'après-midi)

good afternoon
ou hello

bonsoir

good evening

bonne nuit

good night

thank you
merci

please
s'il vous plaît

sorry
excusez-moi

What's your name ?
Quel est ton nom ?

My name is ...
Mon nom est ...

Where do you live ?
Où habites-tu ?

I live in France
J'habite en France

How old are you ?
Quel âge as-tu ?

I am ... years old
J'ai ... ans

How are you ?
Comment vas-tu ?

I am fine, thank you
Je vais bien, merci

1	2	3	4	5	6	7	8	9	10
one	two	three	four	five	six	seven	eight	nine	ten

hot
chaud

cold
froid

to eat
manger

to drink
boire

to sleep dormir

milk
lait

water
eau

English Words in the French Language

les mots anglais dans la langue française

jeu

Sauras-tu reconnaître les mots anglais cachés dans ce texte ? Entoure-les.

Ce week-end, nous partons en camping. Basket, foot, piscine, poker... J'hésite. J'enfile mon short de bain pour aller nager le crawl, en plus il y a un toboggan aquatique ! Je n'oublie pas mon shampooing pour la sortie. Ce soir, papa nous prépare un barbecue, avec des chips bien-sûr. Et maman fera de délicieux milk-shakes et des cookies. Cool !

Game

Aujourd'hui, c'est jour de foot. Billy et sa famille vont voir le match télévisé au pub. Pour savoir ce qu'ils disent, relie ces bulles en français à celles qui correspondent en anglais.

Tchin-tchin !

Entrez vite !

Prends des sodas pour vous.

Allez Manchester !

J'espère qu'on aura de bonnes places !

Tu viens m'aider Lucy ?

Ah ! C'est le coup d'envoi !

la conduite à gauche

Left-hand Drive

Voici une des particularités de l'Angleterre : **les voitures roulent à gauche.** Et donc, **le volant du conducteur est à droite**. Quand on arrive de France, il faut un petit temps d'adaptation. Lorsque tu traverses une rue à pied par exemple, il faut d'abord vérifier à droite puis à gauche si la voie est libre.

jeu

Ce taxi doit passer prendre Peter puis Kelly avant de les déposer à la gare. Trace son parcours ***sans te tromper de côté, et sans repasser 2 fois au même endroit. Attention, les ronds-points se prennent dans le sens des aiguilles d'une montre !*** *(à l'inverse de chez nous)*

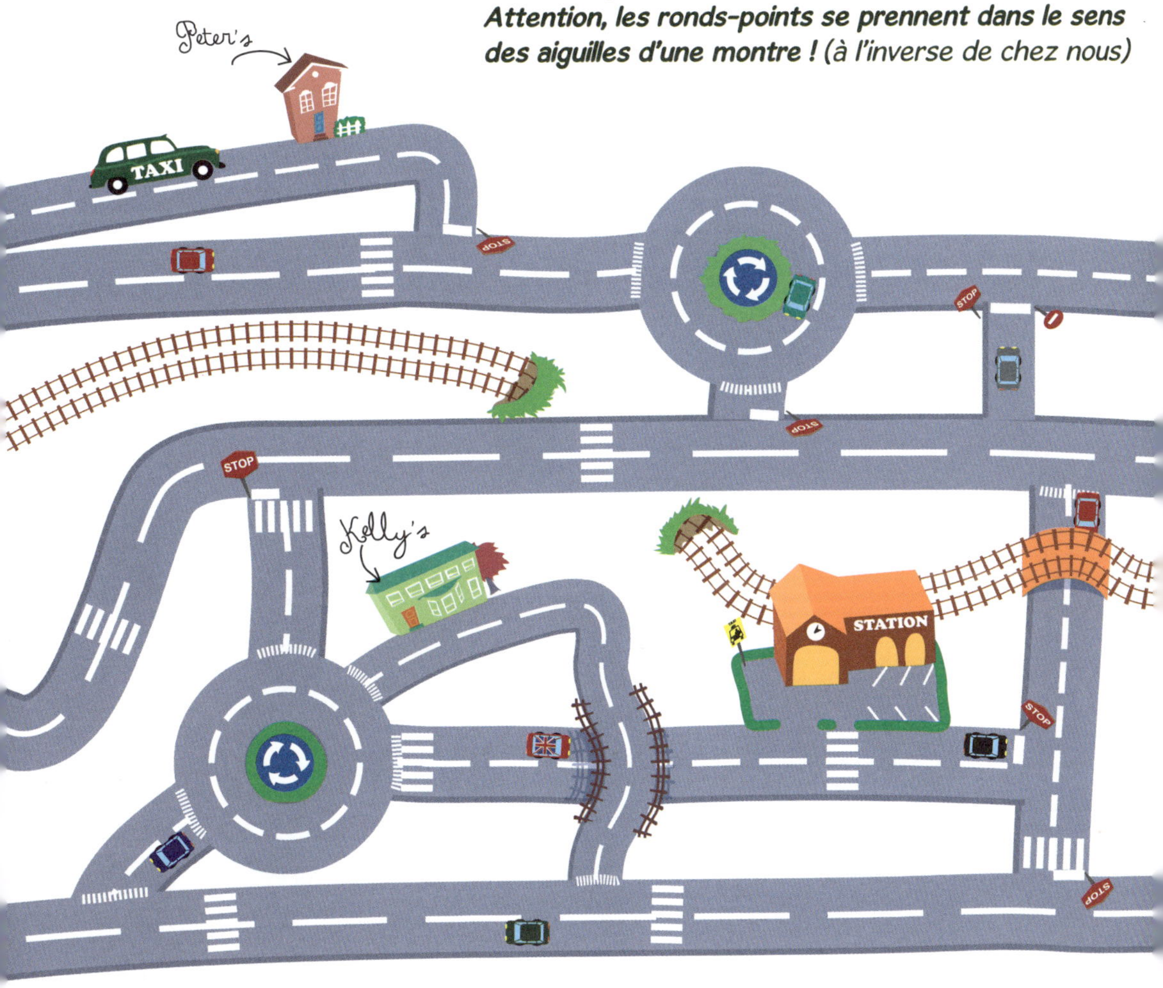

London

Londres

Avec 7,5 millions d'habitants, Londres est la deuxième ville la plus peuplée d'Europe (après Moscou). La ville s'étend sur plus de 100 kilomètres ! De telles dimensions offrent bien entendu plein de curiosités à découvrir : des musées, des monuments célèbres, des parcs mais aussi des quartiers avec des airs de village qui succèdent à des gratte-ciel. Let's go !

*Ce week-end, nous sommes invités chez ma tante à Londres. Elle habite près de la station de **Notting Hill Gate** et nous partons de la station de **London Bridge**. Combien de stations de métro devrons-nous emprunter au minimum ?*

9 5 7

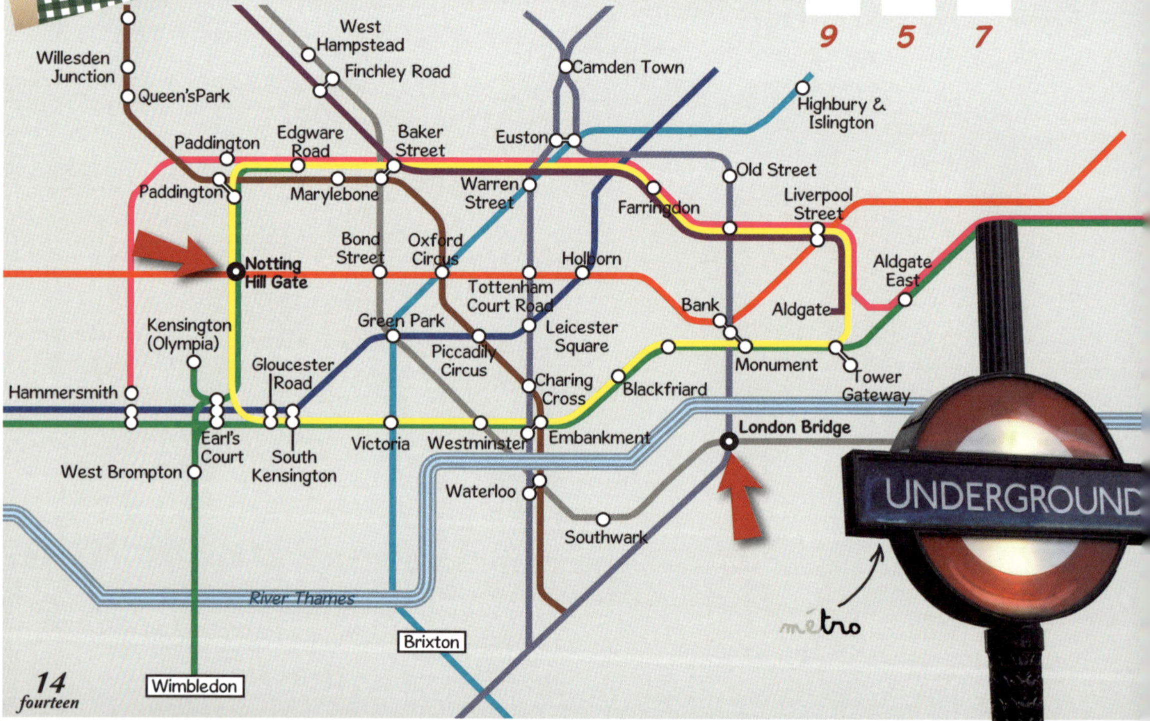

Tower Bridge

Enjambant **la Tamise *(the River Thames)***, le fleuve qui traverse Londres, **Tower Bridge** est un grand pont levant qui marque l'entrée du centre de la ville et en est devenu l'un des symboles. Construit en 1894, son tablier* se lève pour laisser passer les grands bateaux. Du haut du pont, à 42 mètres du fleuve, la vue sur Londres et la Tamise est superbe.

** Voir lexique p. 59*

jeu

En reliant ces points, tu découvriras à quoi ressemble le fameux Tower Bridge.

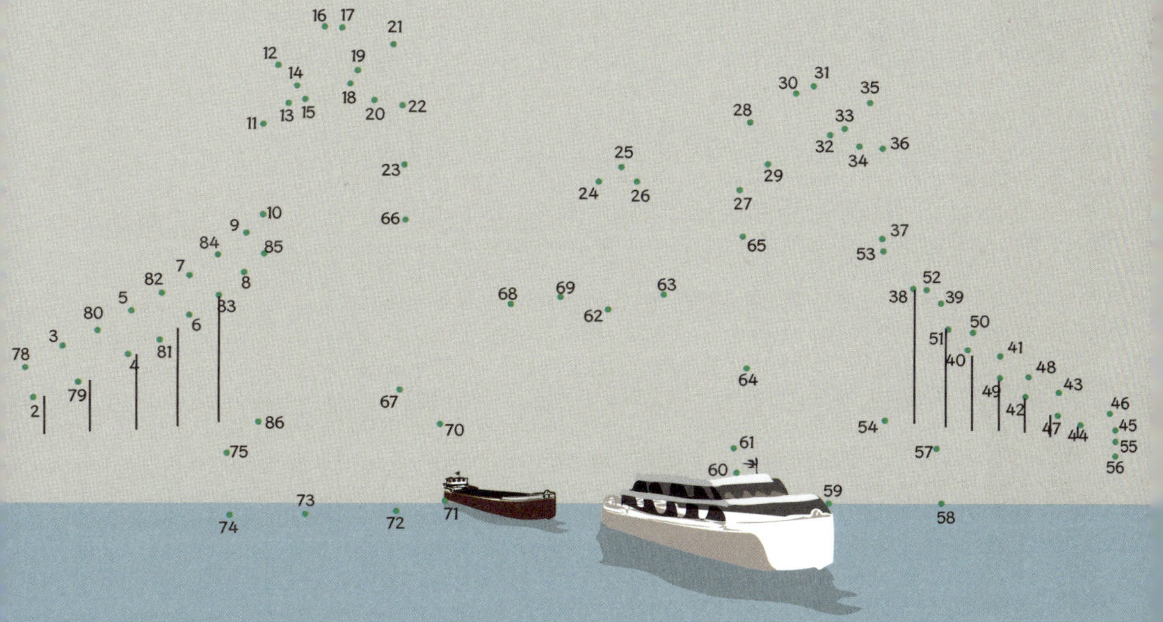

Dieu protège la reine

God save the Queen

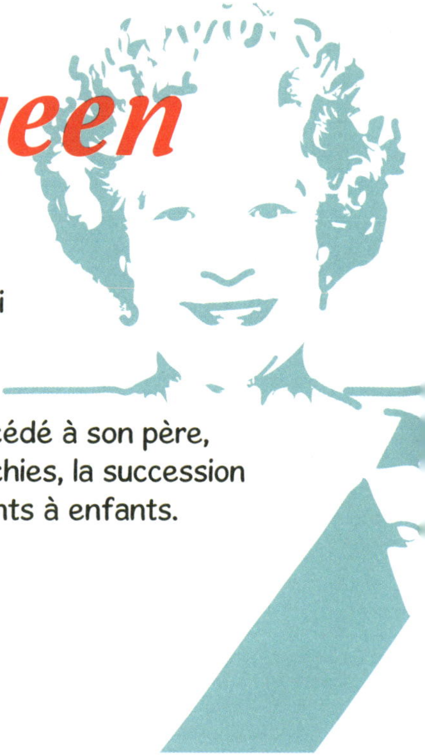

Depuis longtemps, la Grande-Bretagne, et donc l'Angleterre, est une monarchie parlementaire. Cela signifie que le pays est représenté par un roi ou une reine (monarchie) et qu'il est gouverné par un Premier ministre et un Parlement.

La reine actuelle a été sacrée en 1952. Elle a succédé à son père, George VI, car, comme dans beaucoup de monarchies, la succession se fait de façon héréditaire, c'est-à-dire de parents à enfants.

Découvre le nom de la reine actuelle en remplissant cette grille.

- *"Bonjour" en anglais*
- *Maison de la reine* P
- *Fils d'une reine*
- *Habitants de l'Angleterre*
- *Il surveille le palais royal*
- *Sur la plage, on en fait des châteaux*
- *Capitale de l'Angleterre*
- *Célèbre petit sorcier prénommé Harry*
- *Boisson favorite des Anglais*

Buckingham Palace

Depuis le 19e siècle et le règne de Victoria, la reine d'Angleterre vit dans un immense palais au cœur de Londres : **Buckingham Palace.** Plus de 600 pièces le composent. Pour savoir si la reine se trouve dans son palais, il te suffit de regarder si le drapeau royal (représentant un lion couronné et une licorne) est hissé. Quand il est baissé, il ne reste que le drapeau national (Union Jack).

Game

Sauras-tu rejoindre le salon bleu dans le labyrinthe du palais ?

La reine est-elle présente ?

☐ *OUI*

☐ *NON*

La relève de la garde royale.

Un rendez-vous à ne pas manquer à Buckingham Palace, tous les jours à 11h30. Le défilé des gardes avec leur casaque rouge et leur grand bonnet noir (en poil d'ours) offre un spectacle captivant.

Big Ben

C'est le surnom que l'on donne à la grosse cloche (elle pèse 13,5 tonnes !) située en haut de la tour de l'Horloge du palais de Westminster (la Maison du Parlement). Le son de la cloche peut porter jusqu'à 3 kilomètres.
Chaque année, Big Ben est réglée à l'aide d'une pièce de monnaie de 1 penny. Si elle retarde, on enlève une pièce du pendule. Si elle avance, on ajoute une pièce.

Game

En observant la taille des personnages suspendus au cadran de Big Ben, sauras-tu répondre à la question sans te tromper ?

Quel est le diamètre du cadran d'horloge de Big Ben ?

7 m ☐
14 m ☐
3 m ☐

Le méridien de Greenwich

Greenwich Meridian

Quand il est midi à Paris, il est 11 heures à Londres et 20 heures à Tokyo. ***C'est le décalage horaire.*** Mais comment calcule-t-on ces différences et surtout à partir d'où ? Eh bien, c'est en se basant sur **l'Observatoire de Greenwich**, situé dans un quartier de Londres, que l'on situe le point zéro. En comptant les fuseaux horaires, chaque pays détermine alors son heure par rapport au méridien qui traverse Greenwich. Près de l'Observatoire, tu peux même enjamber un méridien imaginaire et passer d'une heure à l'autre.

Il est 14 heures à Londres.
Calcule l'heure de chaque ville en suivant les indications en rouge, et dessine les aiguilles sur chaque cadran.
Le calcul se fait toujours à partir de l'heure de Londres.

clock

LONDRES

PARIS
-1h

MOSCOU
+3h

TOKYO
+9h

NEW-YORK
-5h

LOS ANGELES
-7h

Museums

les musées

Londres possède des musées passionnants et enrichissants. Tout le monde y trouve son compte. En voici trois différents et très célèbres que l'on a visités en famille.

Tate Modern
Installée dans une ancienne centrale électrique au bord de la Tamise, cette galerie consacrée à l'art moderne te présente notamment des œuvres d'artistes de grande renommée : Matisse, Mondrian, Picasso, Dali, Miro...

British Museum
C'est l'un des plus riches musées du monde. Il te fait parcourir toute l'histoire de l'humanité. Les antiquités grecques et égyptiennes sont à l'honneur.

Madame Tussaud's
Ce musée de cire mondialement connu te permet de te retrouver nez à nez avec des acteurs (Brad Pitt, George Clooney), des sportifs (David Beckham), des présidents (Barack Obama), la famille royale...

Tate Modern
British Museum
Madame Tussaud's

Game

Sauras-tu trouver de quel musée proviennent chacune de ces œuvres ?

1

Lady Diana

Mariée à Charles, prince de Galles et fils de la reine Elisabeth II, elle était très populaire en Angleterre et mondialement connue. Elle est malheureusement décédée dans un accident de voiture tragique à Paris, en 1997, à l'âge de 36 ans.

2

La Pierre de Rosette

Une pierre historique ! Découverte en 1799 par des soldats français, elle permit de déchiffrer le mystère des hiéroglyphes, autrement dit l'écriture de l'Égypte ancienne qui était basée sur des petites images ou des symboles.

3

Andy Warhol

Artiste américain, il est l'un des pionniers* du Pop Art, un mouvement artistique qui s'inspire notamment des objets de la vie quotidienne et des images de la culture populaire. Ici, il a travaillé à partir de clichés* de la grande actrice Marilyn Monroe.

Voir lexique p. 59

Shopping

faire les boutiques

Faire du shopping à Londres est un vrai bonheur. La ville est remplie de boutiques (plus de 30 000) pour tous les goûts : grands magasins, vêtements de luxe, fripes*, marchés... En plus, les grands créateurs anglais *(voir la mode p. 34)* sont installés ici. C'est très intéressant pour le métier de maman.

** voir lexique p. 59*

Et si tu veux découvrir les grands classiques anglais, voici **trois endroits à ne pas manquer :**

Harrod's

Plus de 300 rayons sur sept étages avec notamment son royaume des jouets. *(photo ci-dessous)*

Burberry

Très renommé, avec ses tissus à carreaux que tu as sans doute déjà observés.

Pour trouver le nom du troisième lieu, cherche les lettres correspondant aux couleurs des sacs de shopping de Kessy, Lily et Elliott.

 *

* c'est un grand magasin traditionnel où sont nés de fameux tissus du même nom.

Parks

les parcs

Même s'ils vivent dans une très grande ville, les Londoniens aiment la nature et le grand air. Pour respirer, se reposer entre deux visites, ou même pique-niquer, Londres propose une multitude de grands parcs où l'on peut faire de la barque, jouer au tennis, au football...
En t'y promenant, tu croiseras facilement, tout près de toi, de nombreux écureuils.
Et à **Regent's park**, l'un des plus grands parcs de Londres, tu peux profiter d'un théâtre de plein air et de l'un des plus anciens zoos du monde. Il rassemble plus de 650 espèces d'animaux !

jeu

Trouve les 7 différences entre les deux images.

Breakfast
le petit-déjeuner

Pour bien commencer la journée, les Anglais prennent traditionnellement un petit-déjeuner très copieux. C'est le fameux **breakfast anglais.**
Au menu : des céréales et un jus d'orange, mais aussi du bacon, des œufs au plat *(fried eggs)*, brouillés *(scrambled)* ou à la coque *(boiled)*, des saucisses et parfois des haricots à la sauce tomate et des champignons.
Le tout accompagné de thé ou de café et de toasts beurrés. Bon appétit !

jeu

Retrouve à qui appartient chaque assiette en suivant les indices :
- *Tout le monde mange des œufs, mais maman ne les aime pas brouillés.*
- *Mon frère accompagne toujours ses champignons d'haricots.*
- *Papa ne boit pas de thé le matin.*
- *Maman mange moins de bacon que papa.*
- *Mon frère et moi ne buvons pas de boisson chaude.*

Tea-time

l'heure du thé

Pour les Anglais, c'est presque toujours l'heure du thé. Ils en boivent toute la journée et on peut dire que c'est la boisson nationale. Le thé de l'après-midi *(afternoon tea)*, vers 16-17 heures, est une vieille tradition parfois encore présente dans la vie des Anglais. Il s'accompagne souvent d'un petit repas avec des *cakes*, des petits pains *(scones)* ou des *sandwiches*.

Décore les tasses de thé selon les indications.

- *Le thé **Earl Grey** est dans une tasse à carreaux rouges*
- *Le thé **Darjeeling** est dans une tasse bleue, avec des petites fleurs*
- *Le thé de **Ceylan** est dans une tasse à pois orange*

LE SAVAIS-TU ?

Le fameux thé Earl Grey (le thé à la bergamote) viendrait du nom du comte **Charles Grey** au 19e siècle (earl signifie comte en anglais). Il s'était vu offrir ce thé noir de Chine encore méconnu qui remporta aussitôt un grand succès dans son entourage.*

** Voir lexique p. 59*

School

l'école

En Angleterre, chaque école a son uniforme. Cela signifie que tous les élèves d'un établissement sont habillés de la même manière. Le plus souvent une jupe pour les filles, un pantalon ou un short pour les garçons, une veste, parfois une cravate.

Choisis les uniformes de Brian et Sarah en utilisant les modèles à droite. Attention, ils sont dans la même école et doivent porter le même uniforme !

"Oxbridge"

Oxford University

L'Angleterre est réputée pour ses anciennes et belles universités installées dans des bâtiments historiques que l'on peut d'ailleurs visiter. Les plus célèbres se trouvent à **Ox**ford et à Cam**bridge** *(Ox-bridge)*. Ces deux universités doivent en partie leur renommée à une vieille tradition : la course d'aviron qui les oppose chaque année en mars sur la Tamise.

Qui va gagner ?

Pour connaître l'équipe gagnante de cette course d'aviron, utilise la règle (en bas de la page) en suivant les consignes de vitesse de chaque équipe.

*L'équipe verte : **1 seconde = 1,5 cm***
*L'équipe bleue : **1 seconde = 1,1 cm***
*L'équipe rouge : **1 seconde = 1,7 cm***

Colorie le podium avec les bonnes couleurs.

Découpe le long des pointillés

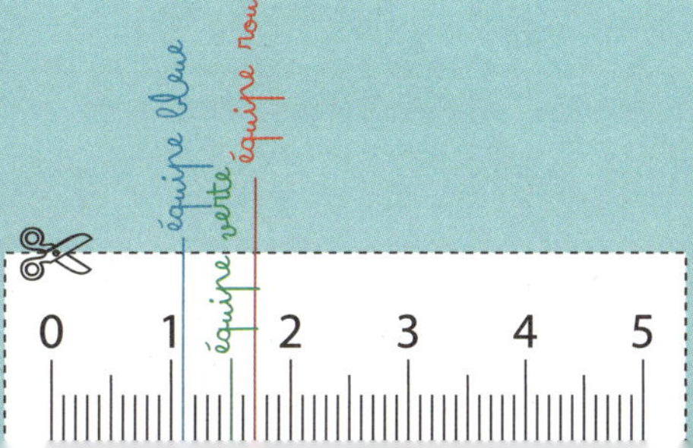

Sport

On peut dire que les Anglais ont inventé pratiquement tous les sports. Le tennis, le football, le squash, le golf, le polo, le cricket... sont apparus en Angleterre.
Quant au rugby, il aurait vu le jour dans la ville de... Rugby au centre de l'Angleterre lorsqu'un jour de 1823, un jeune joueur nommé ***William Webb Ellis*** ramassa le ballon à la main lors d'une partie de football et le déposa derrière les buts.
Un nouveau jeu prenait vie.

Game

Quelle trajectoire doit suivre le ballon de ce joueur de rugby pour marquer au-dessus de la barre et entre les poteaux ?

Typically English

(typiquement anglais)

Répandues dans le monde entier ou propres au pays, voici des inventions ou des spécificités* vraiment anglaises.

** Voir lexique p. 59*

Vive les voyages

Les premières agences de voyage et les voyages organisés se développent au 19e siècle grâce à un menuisier anglais, ***Thomas Cook.***

Bed and Breakfast (B&B)

En Angleterre, depuis longtemps, des propriétaires de maisons proposent aux touristes une chambre et le petit-déjeuner. Ce sont les Bed and Breakfast. Un peu comme les chambres d'hôtes qui se sont développées en France.

Les mesures

Depuis 1995, les Anglais ont officiellement adopté le système métrique (les mesures ayant pour base le mètre). Mais les habitudes changent lentement et les mesures traditionnelles restent présentes. Voici donc comment les Anglais comptent depuis longtemps.

Pour la distance : 1 mile = 1 609 mètres,
1 yard = 0,91 mètre
Pour le poids : 1 livre = 453 grammes
Pour le volume : 1 gallon = 3,78 litres

Le sandwich

On le doit à ***John Montagu, comte de Sandwich,*** au 18e siècle. Pour ne pas interrompre ses parties de cartes, il se fait servir une part de rôti entre deux tranches de pain. Le sandwich est né !

Stonehenge

Situé dans le sud de l'Angleterre, Stonehenge est un site préhistorique composé d'un ensemble de blocs de pierres énormes (des mégalithes) placées debout et disposées en forme de cercle. Chaque mégalithe pouvait peser jusqu'à 4 tonnes et on se demande encore aujourd'hui comment elles pouvaient être déplacées. Ce monument a été édifié à partir de 2800 avant Jésus-Christ. Certains pensent qu'il pouvait s'agir d'un cimetière mais pour d'autres, Stonehenge servait à calculer les solstices* et les équinoxes*. Le site fait aujourd'hui partie du Patrimoine mondial de l'Unesco*.

* *Voir lexique p. 59*

Game

Voici à quoi ressemblait Stonehenge lors de sa construction. Comme dans l'exemple A, colorie le bon soleil en fonction des ombres dans chaque image.

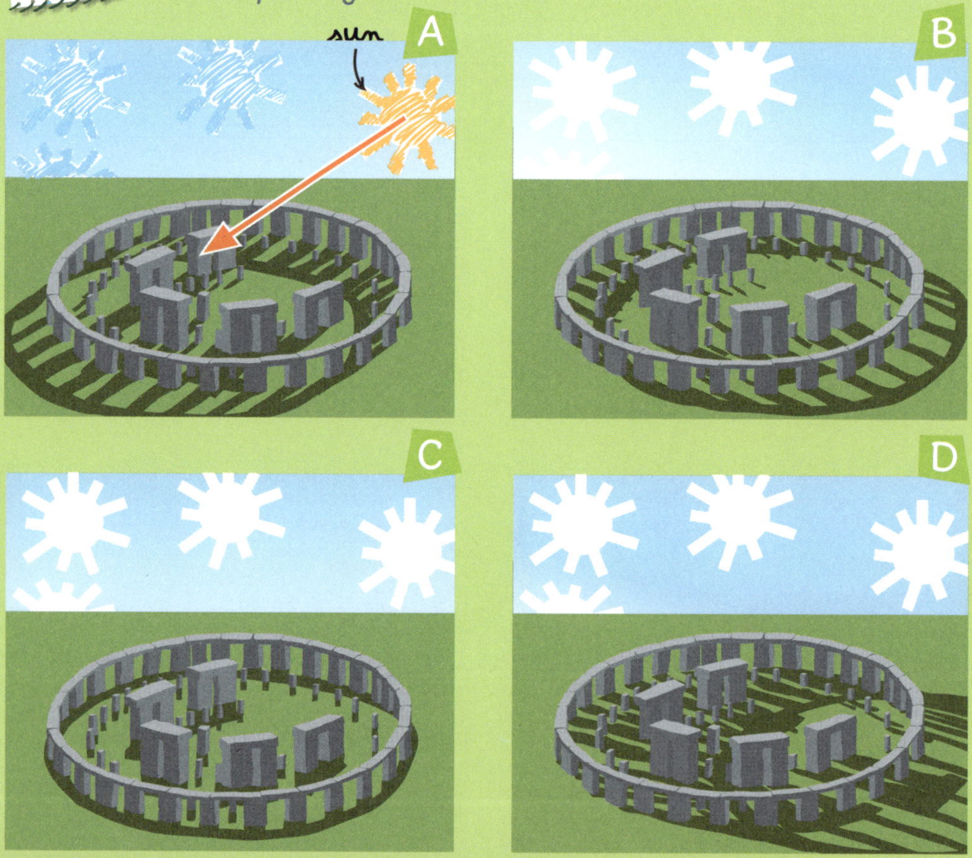

Bath

Voici sans doute l'une des plus charmantes villes d'Angleterre. Son histoire figure dans son nom : Bath signifiant "bain" en anglais. Des sources chaudes à près de 50 °C y jaillissent en effet depuis très longtemps. Au 1er siècle, les Romains, qui avaient conquis l'Angleterre, les découvrirent et s'en servirent pour construire leurs fameux thermes* ou bains romains.
Cette tradition s'est prolongée au fil du temps, et aujourd'hui les visiteurs peuvent encore profiter de bains d'eau chaude naturelle un peu comme à l'époque des Romains.

** Voir lexique p. 59*

Game

Mais que peut bien dire Joe à Kessy ?
Déchiffre vite à l'aide du code suivant :
A=C, B=D, C=E... Z=B

H'YG RMSHMSPQ

RPMSTC OSC

RS PCQQCKZJYGQ

Y SLC BCCQQC

PMKYGLC.

English Cars

les voitures anglaises

De nombreuses voitures conçues en Angleterre sont devenues de vraies célébrités. Connais-tu ces trois modèles épatants ?

l'Austin mini

Lancée en 1959, la Mini est une toute petite voiture qui va connaître un grand succès. Elle mesure seulement trois mètres de long et peut transporter quatre personnes. Après 35 années de fabrication, un nouveau modèle est apparu récemment sur le marché.

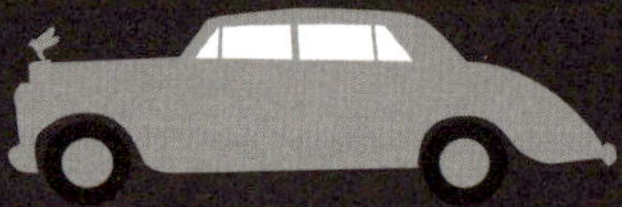

la Rolls Royce

"Best car in the world" (meilleure voiture du monde). C'est ainsi que l'on a souvent parlé de la Rolls Royce, symbole de l'élégance et de la perfection. On la repère notamment grâce à la jolie statuette placée sur son capot.

l'Aston Martin

Un vrai bolide de luxe. C'est la voiture de James Bond, le célèbre agent secret 007 des films d'espionnage. Dans l'un d'entre eux, elle est pourvue de nombreux gadgets et même d'un siège éjectable.

Trouve les 7 différences entre ces deux Aston Martin.

le joli emblème de Rolls Royce.

Commonwealth

les armoiries du Commonwealth

Dans les siècles passés, la Grande-Bretagne colonisa* de nombreux pays, leur transmit son mode de vie et notamment sa langue. Ces pays appartenaient à l'Empire britannique. Depuis, ils sont devenus indépendants, mais un grand nombre d'entre eux reste lié à la Grande-Bretagne grâce à une association qui les unit : le Commonwealth (richesse commune).

** Voir lexique p. 59*

Game

Découvre 4 pays membres du Commonwealth en recollant les morceaux 2 par 2. Aide-toi des pointillés rouges.

Carte des pays membres du Commonwealth

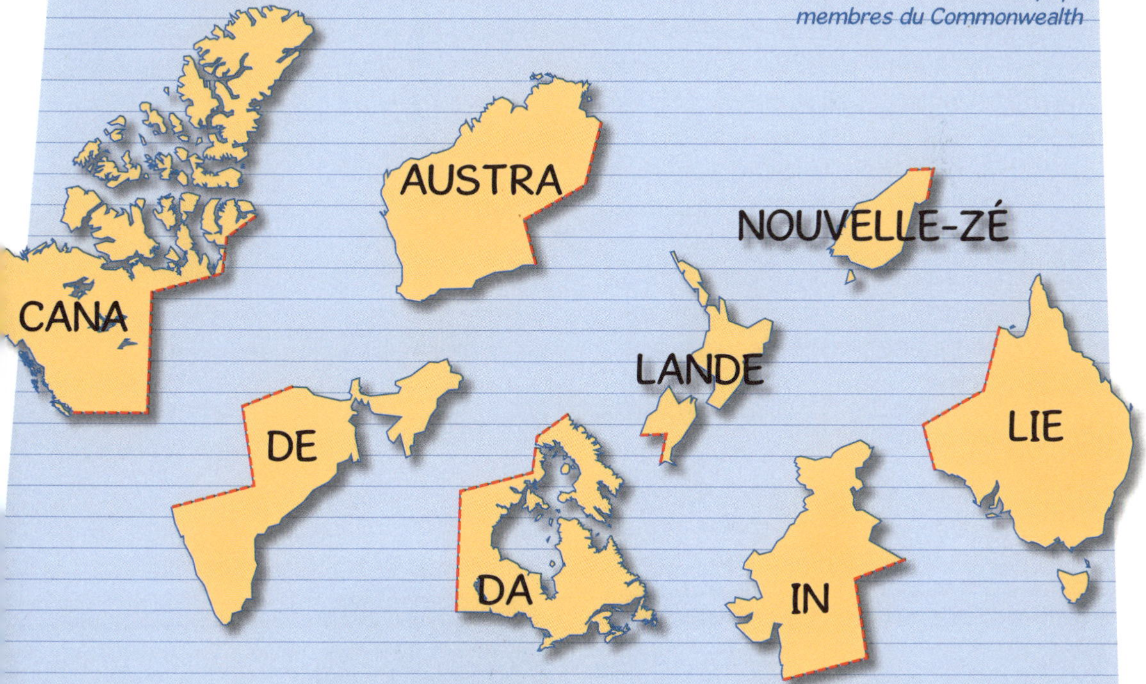

Fashion

la mode

Pas de doute : l'Angleterre se distingue aussi par la mode. Elle se caractérise par son originalité voire son excentricité*. Parmi les différents phénomènes de la mode anglaise, voici quatre exemples qui ont beaucoup fait parler d'eux.

* *Voir lexique p 59*

La minijupe : imaginée par la styliste anglaise **Mary Quant**, elle est lancée en 1962 dans une boutique de Londres. C'est une jupe très courte, droite ou plissée, dont la longueur ne doit pas excéder 10 cm sous les fesses pour mériter ce nom.

La mode punk : le style punk devient, en 1976, un vrai genre symbolisé par un groupe : les Sex Pistols. La musique jouée est rapide et dure, et l'allure vestimentaire très particulière : tee-shirts troués à épingles de nourrice, très grosses chaussures, coupe de cheveux en "pétard" ou la tête rasée des deux côtés et, au milieu, les cheveux longs et dressés.

Le chapeau melon : un chapeau bombé, en feutre* rigide. Il apparaît pour la première fois à Londres, vers 1850. On le voit surtout au début du 20e siècle et il devient le signe de l'élégance et du raffinement.

* *Voir lexique p. 59*

se prononce : "deufeul cot"

Le duffle-coat : c'est un long manteau avec une grande capuche surtout reconnaissable pour sa fermeture particulière : des boutons en bois en forme de cône, tenus par des attaches en cuir. Il doit son nom au matériau utilisé pour le fabriquer : le *duffle* (un tissu très épais à base de laine).

Game

Relie ces accessoires de mode à la silhouette correspondante.

chez nous,
chaque pub (bar)
possède son enseigne
originale

le cheddar,
un fromage
né dans la ville de...
Cheddar !

C'est parti ! Voici un petit tour de mon pays en photos. J'espère que ça te donnera envie de le parcourir. Après tout, nous sommes voisins.

les moutons à tête noire
du Yorkshire

Londres

Piccadilly circus

la "London Eye" (l'Œil de Londres) qui offre une des plus belles vues de Londres.

le quartier chic de Notting Hill

les fameux taxis

la délicieuse jelly
de la gelée aromatisée aux fruits)

les boutiques colorées de Brighton !

la cathédrale de Salisbury

Cornwall

les Cornouailles

En Cornouailles, au sud-ouest du pays, tu n'es jamais à plus de 25 kilomètres de la mer. Ici, au bout de l'Angleterre, la côte te réserve de jolies surprises : des plages par centaines, une lumière magnifique, des falaises à couper le souffle et une multitude de villages de pêcheurs ravissants. Et pour les amateurs de sensations, la région se prête idéalement au surf.

game

Quel morceau de photo n'appartient pas à ce joli village de Cornouailles ?

Muffins

pour 5 muffins

INGRÉDIENTS:

- 100g de crème fraîche épaisse
- 1 oeuf
- 1 pincée de sel
- 100g de sucre
- 120g de farine
- 1/2 sachet de levure
- des moules en silicone

1. Allumer le four à 180°C (thermostat 6).
2. Mélanger la farine, le sucre et l'oeuf.
3. Ajouter la crème fraîche épaisse, la levure et le sel.
4. Verser la pâte dans les petits moules
5. Mettre au four 10 à 15 minutes

les petits conseils de Kessy

tu peux ajouter à la pâte des pépites de chocolat, de la fleur d'oranger ou quelques zestes de citron.

Yum Yum!

miam miam!

English Writer's

(les écrivains anglais)

Ils sont nombreux les grands écrivains anglais et la liste de tous ceux connus dans le monde serait longue. Partons à la découverte de trois des plus célèbres d'entre eux.

WILLIAM SHAKESPEARE (1564-1616)

Il est sans doute l'un des plus grands poètes et dramaturges*. Ses tragédies qui parlent de jalousie, de trahison et de vengeance, sont encore jouées très souvent.

** Voir lexique p. 59*

CHARLES DICKENS (1812-1870)

Né dans une famille assez pauvre, Charles Dickens doit quitter l'école et commencer à travailler très jeune. Dans le même temps, il voit son père être emprisonné. À force de courage, il devient reporter puis écrivain. C'est sans doute en raison de cette enfance difficile que ses œuvres mettent en scène des enfants malheureux mais pleins d'énergie pour s'en sortir.

AGATHA CHRISTIE (1890-1976)

On l'a surnommée "la reine du crime". Avec Hercule Poirot, détective, et Miss Marple, les héros de ses livres, elle nous plonge dans des énigmes passionnantes. Elle a écrit en tout plus de 80 romans policiers.

Drôle de futur !

George Orwell est un auteur anglais du 20e siècle.
Il a écrit en 1948 un livre très célèbre dont l'histoire se passe dans le futur. Les hommes y sont surveillés en permanence comme si un "œil géant" les observait...

Game

Le titre de ce roman est en fait l'année où il se passe. Pour le connaître, compte dans la bibliothèque le nombre de livres de chaque couleur.

Game

Sur ces livres, les titres ont été coupés.
Sauras-tu les reconstituer et les réattribuer à leur auteur ?
Chaque écrivain a sa propre couleur de livre.

WILLIAM SHAKESPEARE

_ _ _ _ _   _ _   _ U _ _ _ _ _ _

CHARLES DICKENS

_ _ _ _ _ _   _ W _ _ _

AGATHA CHRISTIE

_ _ _   _ _ X   _ _ _ _ _ _   _ _ G _ _ _

Liverpool

Une ville portuaire fabuleuse située au nord-ouest de l'Angleterre. Au 19e siècle, on disait même que Liverpool était la capitale du commerce maritime mondial. Vers 1900, le port employait plus de 20 000 personnes et la ville a vu arriver des milliers de migrants* qui en ont fait une ville multiculturelle*.

Aujourd'hui, ses docks* sont en grande partie restaurés et abritent désormais musées, boutiques et restaurants. Fort de son histoire, le port marchand de Liverpool a été classé au Patrimoine mondial de l'Unesco* en 2004.

*Voir lexique p. 59

jeu

Pourras-tu retrouver la silhouette qui correspond à ce navire marchand, accostant aux docks de Liverpool ?

the Beatles

Au début des années 1960, un groupe composé de quatre garçons va faire le tour de la planète avec ses chansons.
Leur nom ? The Beatles (un mélange du mot *"beat"* qui signifie rythme et de *"beetles"* qui veut dire scarabées). Leur ville natale ? Liverpool.
En dix ans, de 1960 à 1970, **John Lennon, Paul McCartney, George Harrison et Ringo Starr** enregistrent onze albums et deviennent le groupe de musique le plus populaire du monde.
Aujourd'hui encore, leurs chansons sont écoutées et jouées partout. Quelques-unes des plus célèbres : *She loves you, Help, Let it be* ou encore *Yesterday*.

jeu

Colorie avec un stylo-bille noir ou un feutre fin la zone quadrillée, et tu verras apparaître les quatre Beatles.

LE SAVAIS-TU ?

*À Liverpool, tu peux découvrir **"The Beatles Story"**, un musée qui retrace l'histoire des Beatles. Et **"The Cavern"**, la salle de spectacle où ils débutèrent, a été reconstruite à l'identique et est donc toujours ouverte aujourd'hui.*

Pop Music

Si Liverpool est LA ville des Beatles, l'Angleterre est bien LE pays de la pop music*, une musique basée sur des instruments électriques.
Juste après **les Beatles, les Rolling Stones** sont aussi devenus de vrais stars. Au fil des décennies, l'Angleterre continue à produire de nombreux artistes célèbres : the Who, Pink Floyd, David Bowie, the Cure, Depeche Mode, Pulp...

** Voir lexique p. 59*

Game

Lequel de ces instruments pop n'est pas branché à l'ampli ?

Cinema

L'Angleterre a vu naître de grands noms du cinéma. On se souvient encore aujourd'hui du plus talentueux des réalisateurs du cinéma muet, **Charlie Chaplin.** Son personnage principal, Charlot, qu'il interprète lui-même, est un vagabond au grand cœur qui tente toujours d'aider les gens. Ses films comme *Le Kid* sont pleins d'émotion.

Et si tu aimes les énigmes et les situations angoissantes, n'hésite pas à découvrir les films d'**Alfred Hitchcock**, le maître du suspense. *La mort aux trousses, Fenêtre sur cour ou Sueurs froides* pourraient te captiver. Mais attention, ça fait un peu peur !

Sauras-tu reconnaître à quels personnages correspondent ces ombres ? Charlie Chaplin, Mary Poppins, Robin des Bois, Alfred Hitchcock ? Réalisateur ou personnage de film, ils ont tous un lien avec l'Angleterre.

Victorian Era

l'époque victorienne

Le long règne de la reine Victoria (de 1837 à 1901) se caractérise par une grande période de prospérité*.
À cette époque, le chemin de fer se développe, la première station de métro ouvre à Londres, Big Ben et Tower Bridge sont inaugurés... On parle aussi de style victorien pour les habitations, les meubles, les vêtements...

*Voir lexique p. 59

les peintres célèbres

Famous Painters

Thomas Gainsborough
Cottage Girl with Dog and Pitcher
1785

Les grands peintres anglais du 18e et 19e siècle aimaient reproduire la beauté des paysages.
Parmi eux, on peut citer ***Thomas Gainsborough***, ***John Constable*** et surtout ***William Turner,*** considéré comme un précurseur* de l'impressionnisme*.
À Londres, la ***National Gallery*** et surtout le ***Tate Britain***, deux très grands musées de peinture, exposent de nombreuses œuvres de celui que l'on surnommait “le maître de la lumière”.

** Voir lexique p. 59*

William Turner
The fighting “Temeraire”
1838

Réalise un très joli paysage un peu à la manière de Turner et épate tes amis !

Ton matériel :
- un crayon à papier
- une feuille de dessin
- du scotch **repositionnable**
- une gomme
- un taille-crayon
- des crayons de couleur

1 Avec ton crayon à papier, trace un rectangle au centre de ta feuille.

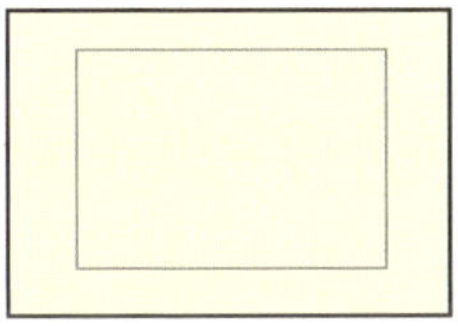

2 Puis trace un trait (la ligne d'horizon) et un demi-cercle au centre (le soleil).

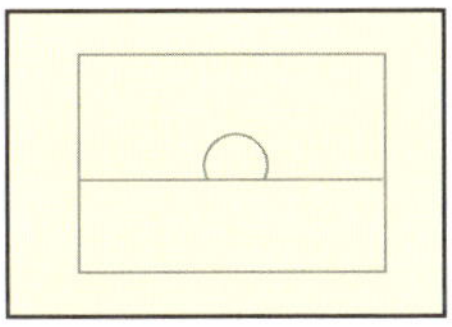

3 Pose le scotch, comme sur le dessin.

4 Colorie le soleil en orange, puis taille ton crayon orange autour.

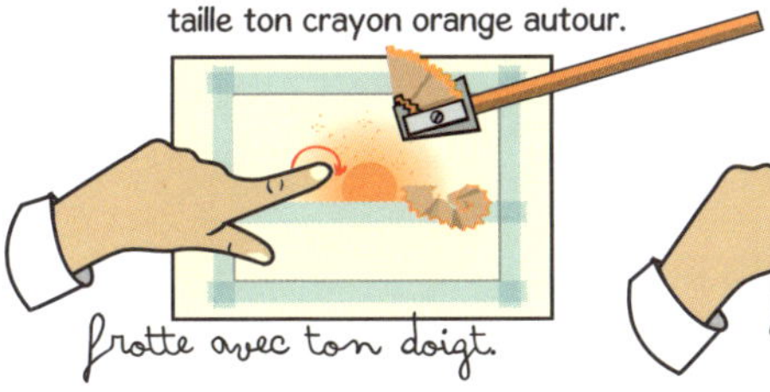

5 Prends ensuite un crayon jaune, et taille-le au-dessus et autour du halo orangé.

6 Lorsque ton ciel est fini, tu peux retirer le scotch qui protège la mer.

7 Recommence l'exercice pour faire la mer.

Bien sûr, en observant les tableaux de Turner, tu remarqueras que les couleurs sont infinies. Alors, n'hésite pas à utiliser tous tes crayons.

English Humour

(l'humour anglais)

Les Anglais ont indiscutablement le goût de la dérision*
et un sens de l'humour reconnu dans le monde entier.
La preuve, avec ces quelques exemples. Funny, isn't it ? *(amusant, non ?)*

** Voir lexique p. 59*

- Quel est le nom de ton chien ? demande une petite fille.
- Je ne sais pas, répond son ami, il ne veut pas me le dire !

Un pêcheur demande à un petit garçon :

- As-tu attrapé ce gros poisson tout seul ?
- Non, répond le garçon, mon ver de terre m'a aidé.

Pourquoi les Anglais n'aiment-ils pas les grenouilles ?

Car elles font le thé tard.

Comment reconnaît-on une moto anglaise ?

Le guidon est à droite.

Un majordome frappe à la porte du living-room et annonce à son maître :

- My Lord, vous venez de devenir père d'un petit garçon !
- Oh ! wonderful, James ! veuillez en informer milady, please !

English Expressions

Dans tous les pays, il existe des **expressions idiomatiques**. Ce sont des expressions imagées que l'on utilise dans nos conversations quotidiennes. Pour dire la même chose, les formulations varient beaucoup d'un pays à un autre. Comme en Angleterre, par exemple. Tu vas voir, c'est rigolo.

Jeu

Relie les expressions anglaises aux expressions françaises équivalentes. Aide-toi de la traduction littérale en bleu.*

** Voir lexique p. 59*

- To be in the soup
  Être dans la soupe
- When pigs fly
  Quand les cochons pourront voler
- It's raining cats and dogs
  Il pleut des chats et des chiens
- To be like two peas in a pod
  Être comme deux pois dans une gousse
- To have a frog in your throat
  Avoir une grenouille dans la gorge
- To have butterflies in your stomach
  Avoir des papillons dans le ventre

- Avoir un chat dans la gorge
- Se ressembler comme deux gouttes d'eau
- Être dans le pétrin
- Avoir le trac
- Quand les poules auront des dents
- Il pleut des cordes

le tunnel sous la manche

the Channel Tunnel

Pour les prochaines vacances, nous partons à Paris et nous allons emprunter le tunnel sous la Manche (Eurotunnel). Mon papa m'a expliqué qu'avec ce tunnel terminé en 1994, mon pays est maintenant directement relié à la France. C'est l'un des plus longs du monde et il descend jusqu'à 100 mètres au-dessous du niveau de la mer. Il a fallu 6 ans pour le construire. La traversée du tunnel dure environ 30 minutes et il faut maintenant seulement 2 heures 15 pour aller de Paris à Londres en train avec Eurostar.

Pour connaître la longueur du tunnel sous la Manche, ***additionne*** *les nombres rouges, puis* ***soustrais*** *les nombres verts.*

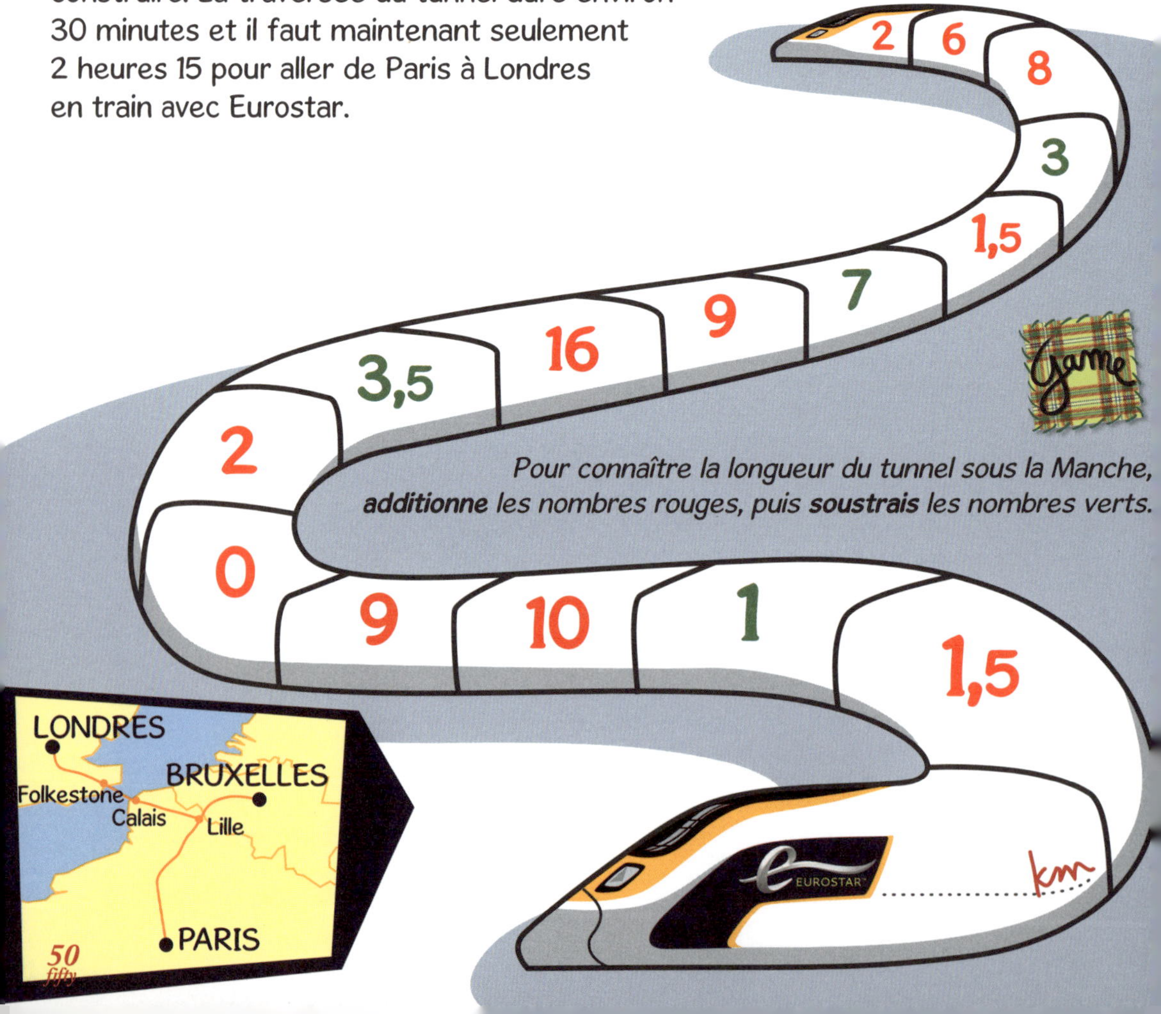

the first Crossings

Jusqu'à l'ouverture d'Eurotunnel, de nombreux aventuriers et sportifs ont essayé par les moyens les plus divers de relier la France à l'Angleterre.
Si de nombreuses tentatives ont échoué, on compte aussi de brillantes réussites.
Tu vas pouvoir les découvrir avec le jeu ci-dessous.

Game

Grâce au code couleur de chaque lettre, tu découvriras les moyens utilisés par ces champions pour effectuer ces "grandes premières".

A E F G I
K L M N O
P Q R S T
U V

LE SAVAIS-TU ?

Le plus jeune nageur à avoir réussi la traversée en 11 h et 54 mn avait 11 ans et 11 mois ! Il s'appelait Thomas Gregory. C'était en 1988.

Gardens

les jardins

On dit souvent de l'Angleterre qu'elle est un immense jardin. Ici, il pleut beaucoup et souvent. C'est pourquoi, en te promenant, tu remarqueras que les paysages sont très verts. Du coup, les Anglais aiment beaucoup entretenir leur jardin et leur pelouse qui sont toujours impeccables.

jeu

Combien Elliott doit-il ajouter de pommes, de tomates, de pommes de terre et de poivrons pour aider son papi et sa mamie à compléter les 3 paniers du fond à l'identique de celui du devant ?

Hadrian's wall

le mur d'Hadrien

Au début de notre ère*, les Romains s'installent pour de bon en Angleterre. Et en 122 après Jésus-Christ, l'empereur Hadrien décide de faire construire un très long mur pour se protéger des attaques des Écossais. On peut encore découvrir aujourd'hui une partie de cet ouvrage très bien conservé qui s'étirait de l'ouest de l'Angleterre à la côte est. Traversant de très jolis paysages, le mur est aujourd'hui classé au Patrimoine mondial de l'Unesco*.

** Voir lexique p. 59*

Game

Pour connaître la longueur du mur d'Hadrien, complète les cases en suivant l'exemple rouge.

Robin Hood

Tu as sans doute déjà découvert, en film ou en dessin animé, l'histoire de Robin des Bois. Eh bien, il a sans doute vraiment existé au Moyen Âge, en Angleterre. Son vrai nom était **Robert Fitzooth** et c'était un jeune comte. Il s'opposa rapidement au terrible **Jean sans Terre** qui pillait* le peuple pour s'enrichir. Chassé du royaume, Robert se réfugia alors dans la forêt de Sherwood où il prit le nom de Robin des Bois. Il continua sa lutte contre Jean sans Terre en lui dérobant ses trésors et en les redistribuant aux pauvres. Jamais on ne réussit à le capturer.

** Voir lexique p. 59*

Game

Rapide comme l'éclair, Robin des Bois a volé cette diligence dans la forêt de Sherwood. Observe bien ces 2 images et trouve les 7 objets qu'il a dérobés.

Harry Potter

Orphelin, **Harry** est élevé par son oncle et sa tante qui le détestent. Il apprend, le jour de ses onze ans, qu'il est attendu pour la rentrée à **Poudlard**, célèbre école de sorcellerie. Il va y découvrir sa véritable histoire, apprendre à maîtriser ses pouvoirs magiques et combattre le terrible mage noir, **Lord Voldemort**.

Cette saga de J.K. Rowling, romancière anglaise, représente sept tomes. Elle a été traduite en 67 langues, vendue dans 140 pays, puis adaptée au cinéma.

jeu

Sauras-tu relier chaque potion à sa description, puis à la personne qui vient de l'utiliser ?

Limite le rougissement de la peau des timides. Attention, prise en trop grande quantité, cette potion peut faire verdir.

Une cuillère à soupe allonge les bras et les jambes d'environ 10 cm. L'effet n'est réversible qu'avec l'antidote Minusoria, à prendre en même quantité.

Idéale contre la tristesse, cette potion peut faire rire exagérément. Potion pétillante.

À base de poudre d'escampette, cette potion permet de disparaître quelques minutes. On flotte dans les airs de manière invisible.

Durcit la peau pour éviter piqûres et coupures pendant plusieurs heures.

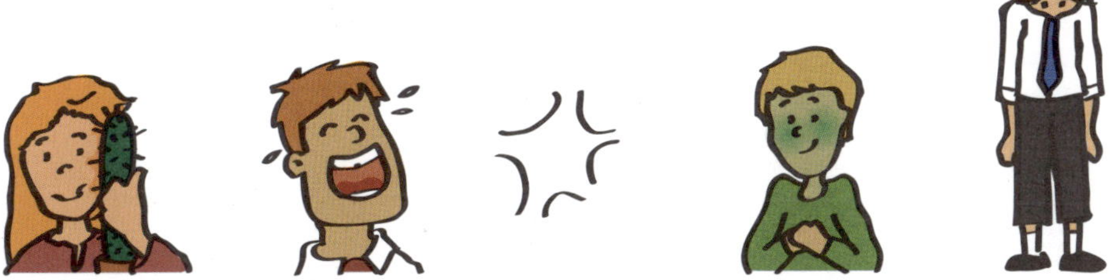

foyer, doux foyer*

Home sweet home

*c'est une expression anglaise qui évoque la douceur d'être dans sa maison.

Comme beaucoup d'Anglais, nous aimons que notre maison soit douce et chaleureuse. Nos parents prennent beaucoup de temps pour la décorer. Elle est petite mais on s'y sent bien.

Observe cette scène pendant 2 minutes et rends-toi à la **page 58** *pour répondre aux questions. Sans tricher bien sûr !*

Joyeuse Noël

Merry Christmas

Indispensables dans les assiettes pour les fêtes de Noël, les crackers contiennent une couronne de Noël en papier, une blague ou devinette, et des friandises.

Voici un modèle pour en réaliser un toi-même à la maison.

Matériel

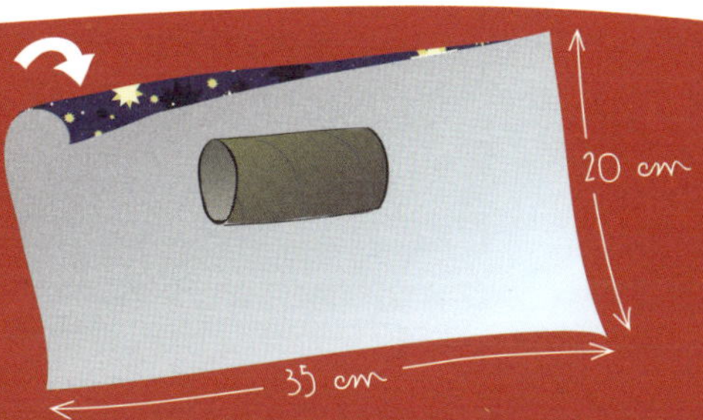

1. *Découpe un rectangle de 20 X 35 cm de papier cadeau. Roule le rouleau de papier toilette dans le sens de la largeur.*

2. *Ferme un côté comme un bonbon avec un ruban.*

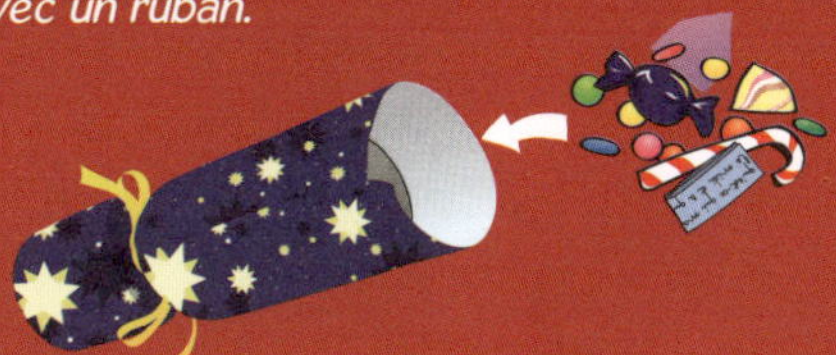

3. *Pour la couronne, fais un ruban de 51 cm (un tour de tête) et de 5 cm de large. Plie-la en accordéon pour faire un carré. Puis coupe deux coins comme sur le dessin.*

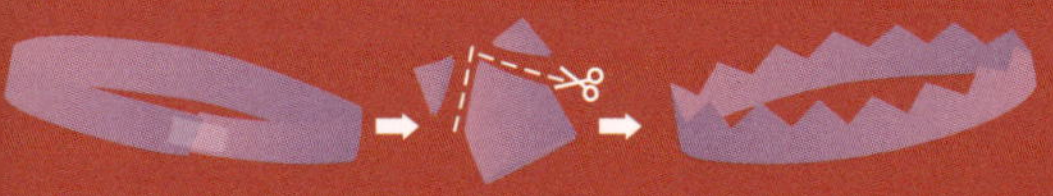

4. *Par le côté resté ouvert, glisse les friandises, le petit cadeau, la petite blague et la couronne. Puis, ferme-le comme l'autre côté.*

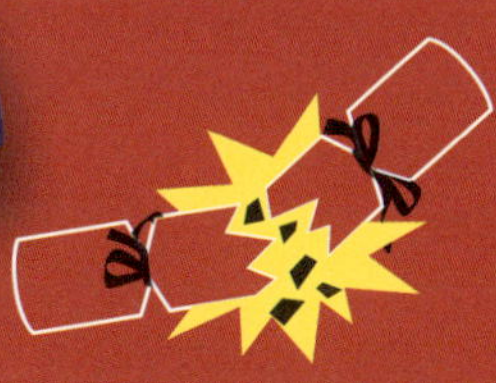

Traditionnellement, pour l'ouvrir, on tient son cracker d'une main, et celui de son voisin de l'autre, avec les bras croisés. Cela forme une ronde. Et crack !

Quiz & Rebus

1 - Que trouve-t-on dans les assiettes à Noël ?

- *des crackbooms*
- *des crackers*
- *des crackpops*

2 - Depuis 1994, la France est reliée à l'Angleterre par :

- *un grand pont*
- *une grosse corde*
- *un long tunnel*

3 - Comment s'appelle la cloche du palais de Westminster ?

- *Big Bang*
- *Big Dong*
- *Big Ben*

4 - Comment roulent les automobilistes anglais ?

- *à gauche*
- *à droite*
- *en marche arrière*

Riddles

charades

1

- Mon premier sert à dormir.
- Mon deuxième est la couleur du sapin.
- Mon troisième pond des œufs.

Mon tout est une ville du nord de l'Angleterre.

2

- Mon premier est un moyen de paiement où l'on écrit ce que l'on paie.
- Mon deuxième est le bruit que fait un serpen
- Mon troisième est le contraire de meilleur.

Mon tout est un auteur anglais du 16e siècle.

QUESTIONS DE LA PAGE 56

1. De quel instrument joue Lily ?
2. Sur le coussin orange, il y a :
   A - un papillon ?
   B - une fleur ?
   C - un oiseau ?
3. De quelle couleur est la guitare de Lily ?
4. Le petit chien Peanut a laissé un jeu au sol, est-ce :
   A - un os ?
   B - une balle ?
   C - une petite souris ?
5. Le papa de Lily boit-il :
   A - du thé ?
   B - un jus de fruit ?
   C - une bière ?
6. Y a-t-il une théière sur la table ?

Petit lexique des mots compliqués

Bergamote : *c'est le fruit d'un arbre, le bergamotier. On l'utilise pour parfumer le thé, les bonbons. Elle sert aussi à fabriquer l'eau de cologne.*

Cliché : *une photo. Cela signifie également une idée toute faite, sans originalité.*

Coloniser : *transformer un pays en colonie. Autrefois, l'Angleterre (et d'autres pays d'Europe comme la France) avaient des colonies c'est-à-dire des pays plus faibles qu'ils dominaient.*

Dérision : *moquerie, ironie.*

Docks : *les hangars, les entrepôts d'un port où l'on range les marchandises.*

Dramaturge : *un auteur de pièces de théâtre.*

Ère : *une grande période de l'histoire, de la civilisation. Par exemple, l'ère chrétienne commence avec la naissance de Jésus-Christ il y a plus de 20 siècles.*

Équinoxe : *le moment de l'année où les jours et les nuits ont la même durée (en automne et au printemps).*

Excentrique : *bizarre, original.*

Feutre : *un tissu épais fait à partir de laine ou de poils (c'est aussi un crayon).*

Fripe : *un vêtement usagé, qui a déjà servi.*

Impressionnisme : *un style de peinture du 19e siècle où l'on exprime ses impressions, ses sensations immédiates.*

Migrant : *quelqu'un qui quitte son pays pour aller dans un autre.*

Multiculturelle : *une ville multiculturelle est une ville où vivent plusieurs cultures, plusieurs personnes venant de pays différents.*

Ornementation : *une ornementation sert à décorer, à embellir.*

Patrimoine mondial de l'Unesco : *pour faire connaître et préserver les sites culturels ou naturels de très grande importance dans le monde, l'Unesco (Organisation des Nations Unies pour l'éducation, les sciences et la culture) a établi une liste qui compte aujourd'hui plus de 900 lieux. En France, par exemple, le Mont-Saint-Michel et le château de Versailles sont classés dans cette liste.*

Piller : *voler, dévaliser.*

Pionnier : *une personne qui est la première à créer, inventer dans un domaine artistique, scientifique...*

Précurseur : *quelqu'un qui lance une idée, un style, avant les autres.*

Pop music : *l'abréviation de "popular music" (musique populaire). Pour les Anglais, cela signifie qu'elle s'adresse à tout le monde. Et qu'elle est moins exigeante ou compliquée que le rock dont elle est issue.*

Prospérité : *abondance, richesse.*

Solstice : *le moment de l'année où le jour est le plus court (vers le 21 décembre, solstice d'hiver) ou le plus long (vers le 21 juin, solstice d'été).*

Spécificité : *particulier, propre à un pays, une personne...*

Tablier : *la partie du pont sur laquelle se trouve la chaussée.*

Thermes : *des bains publics apparus à l'époque des Romains.*

Traduction littérale : *une traduction mot à mot.*

Réponses

Page 5 : PEANUT
(cela se prononce *pineute* et ça veut dire cacahuète !)

Page 6 : Kessy

L	Y	G	G	E	P	S
I	N	O	U	D	W	H
N	N	Y	L	A	R	E
D	I	T	A	N	J	L
S	J	K	N	E	E	L
A	N	I	R	E	X	E
Y	Q	H	A	L	E	Y

Page 7 :

Page 8 :

Page 9 :

Page 10 :

hurl = lancer
car = voiture
casket = cercueil
chat = discussion
bra = soutien-gorge
four = quatre
pain = douleur
pet = animal domestique
slip = dérapage

Page 12 :

week-end
camping
basket
foot
poker
short
crawl
toboggan
shampooing
barbecue
chips
milk-shakes
cookies
cool

Page 13 :

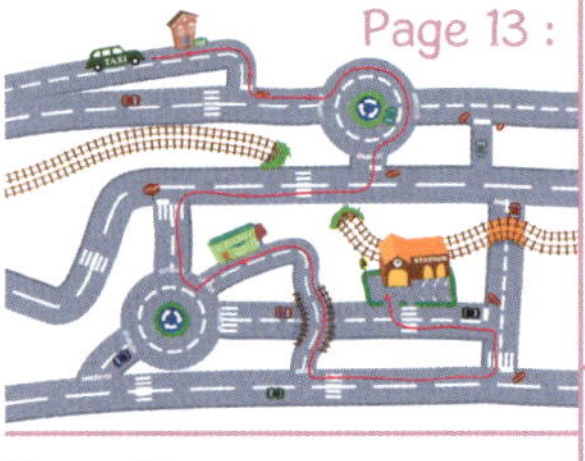

Page 14 :

Il y a au moins 7 stations entre Notting Hill Gate et London Bridge.

Page 16 :

La Reine d'Angleterre est actuellement Elisabeth II.

HELLO
PALAIS
PRINCE
ANGLAIS
GARDE
SABLE
LONDRES
POTTER
THÉ

Page 17 :

La reine est présente au palais.

Page 18 :

Le cadran d'horloge de Big Ben a un diamètre de 7 m.

Page 19 :

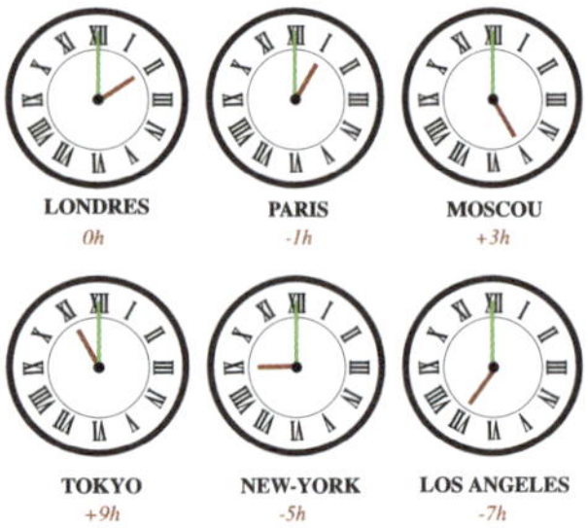

Pages 20-21 :

1-Madame Tussaud's
2-British Museum
3-Tate Modern

Page 22 :

LIBERTY

Page 23 :

Page 24 :

Page 27 :

Page 28 :

Le ballon doit suivre la trajectoire D.

Page 30 :

B C D

Page 31 :

"J'ai toujours trouvé que tu ressemblais à une déesse romaine."

Page 32 :

7 différences

Page 33 :

CANADA
NOUVELLE-ZÉLANDE
AUSTRALIE
INDE

Pages 34-35 :

Page 38 :

ges 40-41 : George Orwell a écrit *1984*

Roméo et Juliette

Oliver Twist

Les dix petits nègres

Page 42 :

Page 43 : Les Beatles

ge 44 :

synthétiseur
st pas branché.

Page 45 :

Page 49 :

To be in the soup
= *Être dans le pétrin*

When pigs fly
= *Quand les poules auront des dents*

It's raining cats and dogs
= *Il pleut des cordes*

To be like two peas in a pod
= *Se ressembler comme deux gouttes d'eau*

To have a frog in your troat
= *Avoir un chat dans la gorge*

To have butterflies in your stomach
= *Avoir le trac*

Page 50 :

Le tunnel sous la Manche mesure 50,5 km

Page 52 :

4 5 6 1

ge 51 :

Page 53 :

120 km

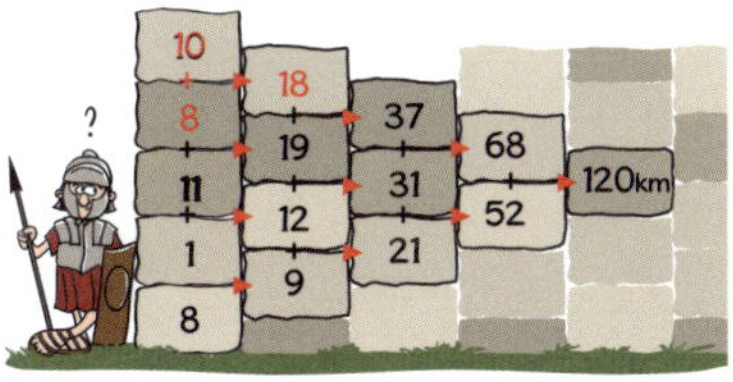

Page 54 :

ge 55 :

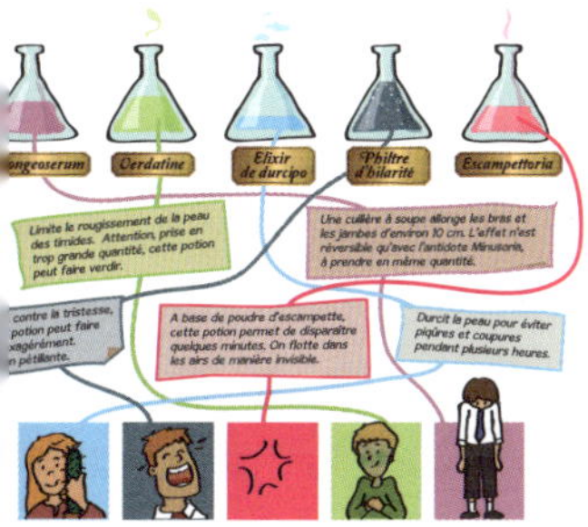

Page 58 :

Quiz : 1 - des crakers
2 - par un long tunnel
3 - Big Ben
4 - à gauche

Rébus : 2 - A / riz / pot / terre
Harry Potter

Charades : 1 - lit / vert / poule
Liverpool
2 - chèque / sssss / pire
Shakespeare

Questions de la page 56

1 - guitare
2 - A
3 - rose
4 - B
5 - A
6 - non

Dans la même collection

Du même auteur

Auteurs : Stéphanie et Hugues Bioret, Julie Godefroy
Illustrations : Stéphanie Bioret, Julie Godefroy
Crédits photographiques : Stéphanie et Hugues Bioret, Fotolia
Remerciements : Laure Darboucabe, Elodie Walsh, Marie Charrier, Isabelle Bodineau, Bruno Meunier (pour leurs précieuses relectures), Guy Bioret

Contact :
tél. 06 13 54 19 80
bonhommedechemin@orange.fr
www.bonhommedechemin.fr

Conforme à la loi n°49956 du 16 juillet 1949 sur les publications destinées à la jeunesse
ISBN : 978-2-9534655-4-9
Imprimerie Graphitilt à Chauray (79) - Imprimé sur papier PEFC

Achevé d'imprimer en juillet 2013
Dépôt légal : octobre 2011